Schwester Marie-Paul Farran

Der Ikonen-Rosenkranz

Deutsche Übersetzung von Marianne Weyer

Par... Verlag
1648 Hau...

Die in diesem Büchlein abgebildeten Ikonen sind Werke von Schwester Marie-Paul Farran.

Schwester Marie-Paul Farran ist in Kairo geboren und gehört dem Orden der Benediktinerinnen unserer Lieben Frau vom Kalvarienberg an.

Sie lebt im Kloster von Jerusalem, in der Nähe des Olivenhaines. Seit 1962 schreibt sie Ikonen. Sie ist die Urheberin der Ikone der Hl. Familie, die in der ganzen Welt verbreitet und bekannt ist.

Italienischer Originaltitel: «Il Rosario in icone»,
© Edizione San Paolo s.r.l, 2010
 Piazza Soncino, 5 - 20092 Cinisellao Balsamo (Milano)

© Oktober 2013

Parvis-Verlag
Route de l'Eglise 71
1648 Hauteville / Schweiz

Tel. 0041 (0)26 915 93 93   Fax 0041 (0)26 915 93 99
www.parvis.ch
buchhandlung@parvis.ch

Alle Rechte, auch die des Teilabdruckes, vorbehalten
Gedruckt in der E.U.
ISBN 978-288022-863-7

EINLEITUNG

Das Wort und die Ikone, zwei Zugänge zur Betrachtung der Geheimnisse des Rosenkranzes.

Das Wort, nie versiegende Quelle, in Jesus von Nazareth Fleisch geworden, hat jede Seite des Buches des Lebens der seligen Jungfrau Maria geprägt. Texte aus 20 Seiten der vier Evangelien werden unsere Erwägungen erleuchten und uns in die bedeutendsten Etappen des Lebens Jesu versenken, indem wir uns in die freudenvollen, lichtreichen, schmerzhaften und glorreichen Phasen seines Lebens vertiefen, das in seiner Passion, seinem Tod und seiner Auferstehung sowie in der Ausgießung des Hl. Geistes auf alle Gläubigen seine Vollendung findet. Um gehört und verstanden zu werden, setzt das Wort unser Hören voraus.

Als bevorzugtes Betrachtungsmittel ist die Ikone, gleichsam mit dem Alphabet der Farben «geschriebenes» Wort, eine Quelle, die einer langen Tradition entspringt, die Orient und Okzident verbindet. Zwanzig Ikonen erzählen von den Geheimnissen des Rosenkranzes und werden helfen, unsere Überlegungen zu vertiefen, indem sie noch verborgene Feinheiten der aus den vier Evangelien gegriffenen Texte offenlegen. Die Ikone bedarf unseres aufmerksamen Blickes, um ein Ort der Begegnung, des Aufrufs, der Heilung und der Liebe zu werden.

Bedienen wir uns beim Betrachten der Geheimnisse des Rosenkranzes nicht nur unseres Kopfes und unserer Lippen ! Bedienen wir uns auch unseres Herzens und unserer Augen. Nur so ist Vertiefung möglich, direkter Kontakt mit diesem Gott, der aus einem jeden von uns eine lebendige Ikone seiner Liebe macht.

Jerusalem, 6. Januar 2010

DIE FREUDENREICHEN GEHEIMNISSE
(Montags und Samstags)

I. DIE VERKÜNDIGUNG

Der Engel Gabriel trat ein und sagte zu Maria, einer Jungfrau, die mit einem Mann namens Josef verlobt war: «Freue dich, du Begnadete, der Herr ist mit dir.» Sie erschrak über diese Anrede und überlegte, was dieser Gruß zu bedeuten habe. Da sagte der Engel zu ihr: «Fürchte dich nicht, Maria; denn du hast bei Gott Gnade gefunden. Du wirst ein Kind empfangen, einen Sohn wirst du gebären; dem sollst du den Namen Jesus geben…» Maria aber sagte zu dem Engel: «Wie soll das geschehen, da ich keinen Mann erkenne?» Der Engel antwortete ihr: «Der Heilige Geist wird über dich kommen, und die Kraft des Höchsten wir dich überschatten…»

Da sagte Maria: «Ich bin die Magd des Herrn; mir geschehe, wie du es gesagt hast!» Danach verließ sie der Engel.

(vgl. Lk 1,26-38)

Vater unser, 10 Gegrüßet seist du Maria, Ehre sei dem Vater…

GEBET

O Herr Jesus, hilf mir, wie die Jungfrau Maria auf all deine «Verkündigungen», die mich herausfordern, aufmerksam zu werden, und gewähre mir die Gnade, Ja zu sagen, damit die Wunder Gottes weiterhin offenbar werden können.

II. MARIÄ HEIMSUCHUNG

In jenen Tagen machte Maria sich auf und eilte in eine Stadt im Bergland von Judäa. Sie ging in das Haus des Zacharias und begrüßte Elisabeth. Sobald Elisabeth den Gruß Marias hörte, hüpfte das Kind in ihrem Leib, und sie wurde vom Heiligen Geist erfüllt. Da rief sie mit lauter Stimme: «Gesegnet bist du mehr als alle anderen Frauen und gesegnet ist die Frucht deines Leibes!... In dem Augenblick, als ich deinen Gruß hörte, hüpfte das Kind vor Freude in meinem Leib. Selig ist die, die geglaubt hat, dass sich erfüllt, was der Herr ihr sagen ließ!» Da sagte Maria: «Meine Seele preist die Größe des Herrn, und mein Geist jubelt über Gott, meinen Retter.» *(vgl. Lk 1,39-47)*

Vater unser, 10 Gegrüßet seist du Maria, Ehre sei dem Vater

Gebet

Herr, gib, dass alle Personen, die ich täglich, jeden Morgen begrüße, deine Gegenwart in mir spüren. Möge deine Gegenwart doch ihren Tag erhellen.

III. DIE GEBURT JESU

In jenen Tagen erließ Kaiser Augustus den Befehl, alle Bewohner des Reiches in Steuerlisten einzutragen. Dies geschah zum erstenmal; damals war Quirinius Statthalter von Syrien. Da ging jeder in seine Stadt, um sich eintragen zu lassen. So zog auch Josef von der Stadt Nazareth in Galiläa hinauf nach Judäa in die Stadt Davids, die Bethlehem heißt; denn er war aus dem Haus und Geschlecht Davids. Er wollte sich eintragen lassen mit Maria, seiner Verlobten, die ein Kind erwartete. Als sie dort waren, kam für Maria die Zeit ihrer Niederkunft. Sie gebar ihren Sohn, den Erstgeborenen, wickelte ihn in Windeln und legte ihn in eine Krippe, weil im Saal kein Platz für sie war.

(vgl. Lk 2,1-7)

Vater unser, 10 Gegrüßet seist du Maria, Ehre sei dem Vater

Gebet

Herr Jesus, du wolltest nachts im leeren Raum einer Grotte geboren werden; gib, dass der Morgenstern in meinem Herzen aufleuchtet und du während all meiner Nächte in den Leerräumen meiner Bedürftigkeit geboren werden kannst.

IV. DIE DARBRINGUNG IM TEMPEL

Als die Eltern das Kindlein Jesus brachten, um an ihm die gesetzlichen Vorschriften zu erfüllen, nahm Simeon es in seine Arme und pries Gott mit den Worten: «Nun lässt du, höchster Herr, deinen Knecht, wie du gesagt hast, in Frieden scheiden. Denn meine Augen haben das Heil gesehen, das du … bereitet hast.»

Simeon segnete sie und sagte zu Maria, der Mutter Jesu: «Sieh! Dieses Kind ist dazu bestimmt, dass in Israël viele durch ihn zu Fall kommen und viele aufgerichtet werden. Er wird ein Zeichen sein, dem widersprochen wird. Dir wird ein Schwert durch die Seele dringen, damit die geheimen Gedanken vieler Menschen offenbar werden.»

(vgl. Lk 2,21-38)

Vater unser, 10 Gegrüßet seist du Maria, Ehre sei dem Vater

Gebet

Herr Jesus, alles Schöne, das ich besitze, habe ich dir, deiner Liebe, deiner Fürsorge zu verdanken… Ich bringe es dir dar, dir zu Ehren und zum Heil der Welt.

V. DAS WIEDERFINDEN JESU IM TEMPEL

Als Jesus zwölf Jahre alt war gingen sie wie jedes Jahr zum Paschafest in den Tempel. Nachdem die Festtage zu Ende waren und sie den Heimweg angetreten hatten, blieb Jesus in Jerusalem, ohne dass seine Eltern es merkten… Nach drei Tagen fanden sie ihn im Tempel; er saß mitten unter den Lehrern, hörte ihnen zu und stellte Fragen… Als seine Eltern ihn sahen, waren sie sehr betroffen, und seine Mutter sagte zu ihm: «Kind, wie konntest du uns das antun? Dein Vater und ich haben dich voll Angst gesucht.» Da sagte er zu ihnen: «Warum habt ihr mich gesucht? Wusstet ihr nicht, dass ich im Haus meines Vaters sein muss?». Doch sie verstanden nicht, was er damit sagen wollte… Jesus kehrte mit ihnen nach Nazareth zurück und war ihnen untertan. Seine Mutter bewahrte alles, was geschehen war, in ihrem Herzen. Jesus aber wuchs heran, und seine Weisheit nahm zu, und er fand Gefallen bei Gott und den Menschen.

(vgl. Lk 2,41-52)

Vater unser, 10 Gegrüßet seist du Maria, Ehre sei dem Vater

Gebet

O Gott, gewähre mir die Gnade zu begreifen, dass du mein Vater und unser Vater bist, dass deine Zärtlichkeit mich umgibt, und dass ich nie getrennt von dir leben möge.

DIE LICHTREICHEN GEHEIMNISSE
(Donnerstags)

I. DIE TAUFE JESU

Zu dieser Zeit kam Jesus von Galiläa an den Jordan zu Johannes, um sich von ihm taufen zu lassen. Johannes aber wollte es nicht zulassen und sagte zu ihm: «Ich müsste von dir getauft werden, und du kommst zu mir?» Jesus antwortete ihm: «Lass es nur zu! Denn nur so können wir die Gerechtigkeit ganz erfüllen.» Da gab Johannes nach. Kaum war Jesus getauft und aus dem Wasser gestiegen, da öffnete sich der Himmel und er sah den Geist Gottes wie eine Taube auf sich herabkommen. Und eine Stimme aus dem Himmel sprach: «Das ist mein geliebter Sohn, an dem ich Gefallen gefunden habe.»

(vgl. Mt 3,13-17))

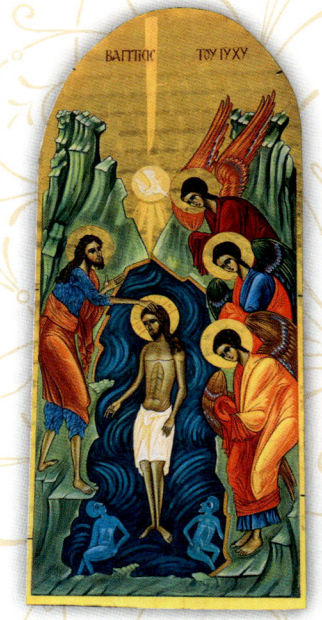

Vater unser, 10 Gegrüßet seist du Maria, Ehre sei dem Vater

GEBET

Herr Jesus, du wolltest in die Gewässer meiner Boshaftigkeit hinabsteigen, um sie zu verwandeln, schenke mir großes Vertrauen, damit ich ohne jede Furcht mein Elend in das Geheimnis meiner und deiner Taufe eintauche, um immer reiner daraus hervorzugehen.

II. DIE HOCHZEIT ZU KANA

Drei Tage später fand in Kana in Galiläa eine Hochzeit statt, und die Mutter Jesu war dabei. Auch Jesus und seine Jünger waren zur Hochzeit eingeladen. Als der Wein ausging, sagte die Mutter Jesu zu ihm: «Sie haben keinen Wein mehr.» Jesus erwiderte ihr: «Was willst du von mir, Frau? Meine Stunde ist noch nicht gekommen.» Seine Mutter sagte zu den Dienern: «Was er euch sagt, das tut!» Es standen dort sechs steinerne Wasserkrüge, wie es der Reinigungsvorschrift der Juden entsprach; jeder fasste ungefähr hundert Liter. Jesus sagte zu den Dienern. «Füllt die Krüge mit Wasser!» Und sie füllten sie bis zum Rand. Er sagte zu ihnen: «Schöpft jetzt, und bringt es dem, der für das Festmahl verantwortlich ist.» Sie brachten es ihm. Er kostete das Wasser, das zu Wein geworden war... Da ließ er den Bräutigam rufen und sagte zu ihm: «Jeder setzt zuerst den guten Wein vor und erst, wenn die Gäste zuviel getrunken haben, den weniger guten. Du jedoch hast den guten Wein bis jetzt zurückgehalten.»

(vgl. Joh 2,1-11)

Vater unser, 10 Gegrüßet seist du Maria, Ehre sei dem Vater

Gebet

Herr Jesus, auf die Fürsprache Marias, unserer Mutter, verwandle wieder mein Wasser in Wein, dir und jenen, die mit mir zusammenleben, zur Freude, damit ich mein Einssein mit dir auch weiterhin feiern kann.

III. DIE VERKÜNDIGUNG DES REICHES

Nachdem Johannes ausgeliefert worden war, ging Jesus nach Galiläa: er verkündete das Evangelium Gottes und sprach: «Die Zeit ist erfüllt, das Reich Gottes ist nahe. Kehrt um, und glaubt an das Evangelium!»

(vgl. Mk 1,14-15)

Vater unser, 10 Gegrüßet seist du Maria, Ehre sei dem Vater

GEBET

Herr Jesus, ich kann weder reden noch lehren. Du, der alles vermag, geh durch die Gebärden und Ereignisse meines Alltags. Mein Leben möge sich verwandeln in ein Zeugnis deiner Fürsorge und Liebe, damit ich nach deinem Willen Licht der Welt werde.

IV. DIE VERKLÄRUNG

Jesus nahm Petrus, Johannes und Jakobus beiseite und stieg mit ihnen auf einen Berg, um zu beten. Und während er betete, veränderte sich das Aussehen seines Gesichtes, und sein Gewand wurde leuchtend weiß. Und plötzlich redeten zwei Männer mit ihm. Es waren Mose und Elija; sie erschienen in strahlendem Licht und sprachen von seinem Ende, das sich in Jerusalem erfüllen sollte... Petrus sagte zu Jesus: «Meister, es ist gut, dass wir hier sind. Wir wollen drei Hütten bauen, eine für dich, eine für Mose und eine für Elija.» Er wusste aber nicht, was er sagte. Während er noch redete, kam eine Wolke und warf ihren Schatten auf sie. Sie gerieten in die Wolke hinein und bekamen Angst. Da rief eine Stimme aus der Wolke: «Das ist mein auserwählter Sohn, auf ihn sollt ihr hören.»

(vgl. Lk 9,28-36)

Vater unser, 10 Gegrüßet seist du Maria, Ehre sei dem Vater

Gebet

Herr Jesus, du zerstörst nichts, sondern verwandelst vielmehr alles; verwandle auch meine Leiden, meine Ängste, meine Krankheiten, meine Anfälligkeit. Gib mir, dass sie mich dir näher bringen, mich zu dir führen.

V. DIE EUCHARISTIE

Als die Stunde gekommen war, begab er sich mit den Aposteln zu Tisch. Und er sagte zu ihnen: «Ich habe mich sehr danach gesehnt, vor meinem Leiden dieses Paschamahl mit euch zu essen. Denn ich sage euch: Ich werde es nicht mehr essen, bis das Mahl seine Erfüllung findet im Reich Gottes.»

Und er nahm den Kelch, sprach das Dankgebet und sagte: «Nehmt davon und verteilt ihn untereinander! Denn ich sage euch: von nun an werde ich nicht mehr von der Frucht des Weinstocks trinken, bis das Reich Gottes gekommen ist.»

Und er nahm Brot, sprach das Dankgebet, brach das Brot und reichte es ihnen mit den Worten: «Das ist mein Leib, der für euch hingegeben wird. Tut dies zu meinem Gedächtnis!». Ebenso nahm er nach dem Mahl den Kelch und sagte: «Dieser Kelch ist der Bund in meinem Blut, das für euch vergossen wird.»

(vgl. Lk 22,14-20)

Vater unser, 10 Gegrüßet seist du Maria, Ehre sei dem Vater

Gebet

Herr Jesus, du machst aus mir einen Altar und einen Tabernakel. Gib, dass ich meinen Körper und mein Blut mit deinem Körper und deinem Blut, die täglich auf unseren Altären geweiht werden, vereine, um wirklich Altar und Tabernakel deiner Gegenwart zu werden.

DIE SCHMERZHAFTEN GEHEIMNISSE
(Dienstags und Freitags)

I. DER TODESKAMPF JESU IM GARTEN GETSEMANI

Jesus verließ die Stadt und ging, wie er es gewohnt war, zum Ölberg; seine Jünger folgten ihm. Als er dort war, sagte er zu ihnen: «Betet darum, dass ihr nicht in Versuchung geratet!» Dann entfernte er sich von ihnen ungefähr einen Steinwurf weit, kniete nieder und betete: «Vater, wenn du willst, nimm diesen Kelch von mir! Aber nicht mein, sondern dein Wille soll geschehen.» Da erschien ihm ein Engel vom Himmel und gab ihm (neue) Kraft. Und er betete in seiner Todesangst noch inständiger, und sein Schweiß war wie dicke Blutstropfen, die auf die Erde fielen. Nach dem Gebet stand er auf, ging zu den Jüngern zurück und fand sie schlafend; denn sie waren vor Kummer erschöpft. Und er sagte zu ihnen: «Wie könnt ihr schlafen? Steht auf und betet, damit ihr nicht in Versuchung geratet.»

(vgl. Lk 22,39-46)

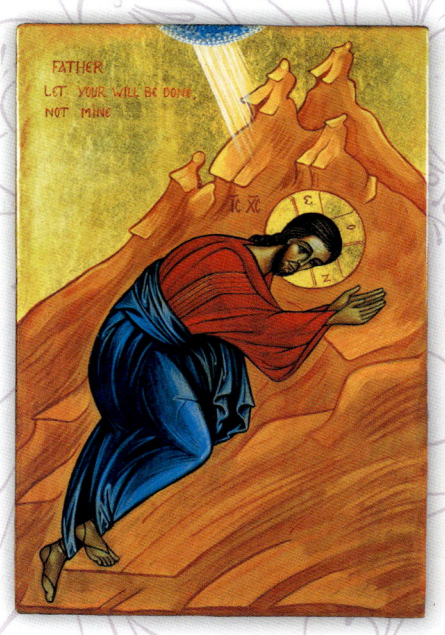

Vater unser, 10 Gegrüßet seist du Maria, Ehre sei dem Vater

Gebet

Herr Jesus, gewähre mir die Gnade, mein Gebet mit dem deinen zu vereinen, um die Kraft zu besitzen, mit dir zu sagen: «Vater, nicht mein, sondern dein Wille geschehe», wenn ich unter der Last einer großen, schweren Prüfung, einer harten und schwierigen Erfahrung zusammenzubrechen drohe.

II. DIE DORNENKRÖNUNG

Da nahmen die Soldaten des Statthalters Jesus, führten ihn in das Prätorium, und versammelten die ganze Kohorte um ihn. Sie zogen ihn aus und legten ihm einen purpurroten Mantel um. Dann flochten sie einen Kranz aus Dornen; den setzten sie ihm auf und gaben ihm einen Stock in die rechte Hand. Sie fielen vor ihm auf die Knie und verhöhnten ihn, indem sie riefen: «Heil dir, König der Juden!» Und sie spuckten ihn an, nahmen ihm den Stock wieder weg und schlugen ihm damit auf den Kopf.

(vgl. Mt 27,27-30)

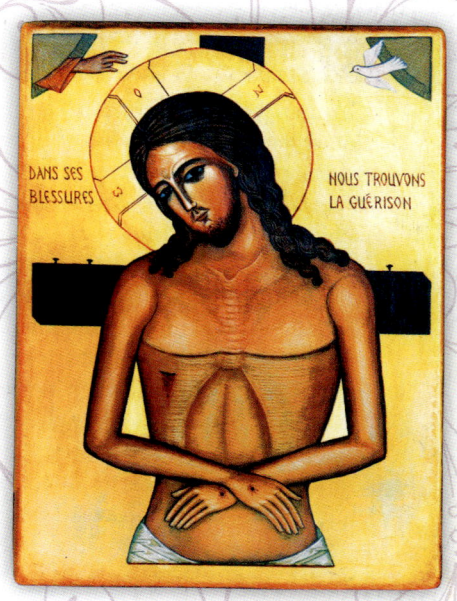

Vater unser, 10 Gegrüßet seist du Maria, Ehre sei dem Vater

GEBET

O Gott, du hast zu Adam gesagt, dass «die Erde ihm Dornen und Disteln hervorbringen werde», und nun ist es Jesus, der sich während seiner Passion mit Dornen und Disteln krönen lässt, ohne den Mund zu öffnen. Gewähre mir die Gnade, schweigend alles zu ertragen, was mich sticht, mich verletzt, mich demütigt, damit du es eines Tages in einen Siegeskranz verwandeln kannst.

III. DIE KREUZIGUNG JESU

Dann nahmen sie ihm den Mantel ab, zogen ihm seine eigenen Kleider wieder an und führten ihn hinaus, um ihn zu kreuzigen. Auf dem Weg trafen sie einen Mann aus Zyrene namens Simon; ihn zwangen sie, Jesus das Kreuz zu tragen. So kamen sie an den Ort, der Golgota genannt wird, das heißt Schädelhöhe. Sie gaben ihm Wein zu trinken, der mit Galle vermischt war; als er aber davon gekostet hatte, wollte er ihn nicht trinken. Nachdem sie ihn gekreuzigt hatten, warfen sie das Los und verteilten seine Kleider unter sich. Dann setzten sie sich nieder und bewachten ihn. Über seinem Kopf hatten sie eine Anschrift angebracht, die seine Schuld angab: «Das ist Jesus, der König der Juden.» Zusammen mit ihm wurden zwei Räuber gekreuzigt, der eine rechts von ihm, der andere links.

(vgl. Mt 27,31-38)

Vater unser, 10 Gegrüßet seist du Maria, Ehre sei dem Vater

GEBET

Herr Jesus, der du unsere Sünden auf das Kreuz getragen hast, du Lamm Gottes, das hinwegnimmt die Sünden der Welt, gewähre mir die Gnade, dir meine Sünden anzuvertrauen und mit deinem Kreuz all meine kleinen und großen, «guten» oder «schlechten» Kreuze zu vereinen.

IV. JESU TOD

Einer der Verbrecher, die neben ihm hingen, verhöhnte ihn: «Bist du denn nicht der Christus? Dann hilf dir selbst und auch uns!» Der andere aber wies ihn zurecht und sagte: «Nicht einmal du fürchtest Gott? Dich hat doch das gleiche Urteil getroffen. Uns geschieht recht, wir erhalten den Lohn für unsere Taten; dieser aber hat nichts Unrechtes getan.» Dann sagte er: «Jesus, denk an mich, wenn du in dein Reich kommst.» Und er antwortete ihm: «Wahrlich ich sage dir: heute noch wirst du mit mir im Paradies sein.» Es war schon etwa um die sechste Stunde, als die Sonne sich verdunkelte und eine Finsternis über die ganze Erde hereinbrach. Sie dauerte bis zur neunten Stunde. Der Vorhang im Tempel riss mitten entzwei, und Jesus rief laut: «Vater, in deine Hände lege ich meinen Geist.» Nach diesen Worten hauchte er den Geist aus.

(vgl. Lk 23,39-46)

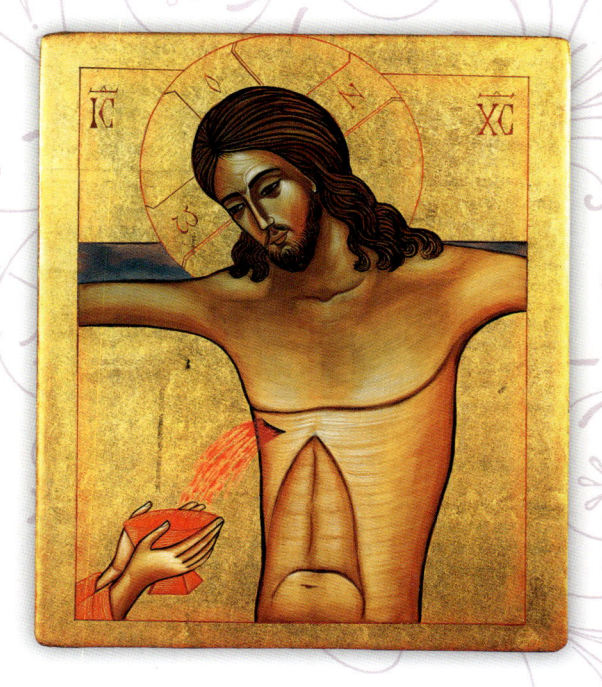

Vater unser, 10 Gegrüßet seist du Maria, Ehre sei dem Vater

GEBET

Herr Jesus, indem du dem guten Schächer sagtest: «Heute noch wirst du mit mir im Paradies sein», hast du uns gelehrt, dass der Tod nicht das Ende bedeutet, sondern eine Neugeburt; mache aus mir einen Zeugen der Hoffnung.

V. DIE GRABLEGUNG JESU

Damals gehörte zu den Mitgliedern des Hohen Rates ein Mann namens Josef, der gut und gerecht war. Er hatte dem, was die anderen beschlossen hatten und taten, nicht zugestimmt. Er stammte aus Arimathäa, einer jüdischen Stadt, und er wartete auf das Reich Gottes. Er ging zu Pilatus und bat um den Leichnam Jesu. Er nahm ihn vom Kreuz, hüllte ihn in ein Leinentuch und legte ihn in ein Felsengrab, in dem noch niemand bestattet worden war. Das geschah am Rüsttag, kurz bevor der Sabbat anbrach. Die Frauen, die mit Jesus aus Galiläa gekommen waren, gaben ihm das Geleit und sahen zu, wie der Leichnam in das Grab gelegt wurde.

Dann kehrten sie heim und bereiteten wohlriechende Öle und Salben zu. Am Sabbat aber hielten sie die vom Gesetz vorgeschriebene Ruhe ein.

(vgl. Lk 23,50-56)

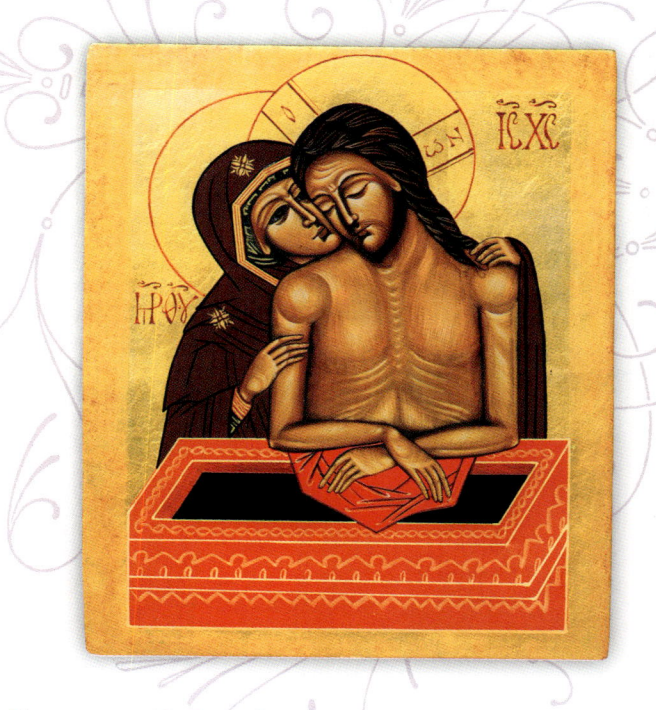

Vater unser, 10 Gegrüßet seist du Maria, Ehre sei dem Vater

Gebet

Herr Jesus, gewähre mir die Gnade, wie Maria, unsere Mutter, die du uns am Fuß des Kreuzes gegeben hast, aufrecht und im Glauben die Zeit meiner Auferstehung und der Auferstehung all meiner lieben Verstorbenen zu erwarten.

DIE GLORREICHEN GEHEIMNISSE
(Mittwochs und Sonntags)

I. DIE AUFERSTEHUNG JESU

Nach dem Sabbat kamen in der Morgendämmerung des ersten Tages der Woche Maria aus Magdala und die andere Maria, um nach dem Grab zu sehen. Plötzlich entstand ein gewaltiges Erdbeben; ein Engel des Herrn kam vom Himmel herab, trat an das Grab, wälzte den Stein weg und setzte sich darauf. Seine Gestalt leuchtete wie ein Blitz, und sein Gewand war weiß wie Schnee. Bei diesem Anblick begannen die Wächter vor Angst zu zittern und fielen wie tot zu Boden. Der Engel aber ergriff das Wort und sagte zu den Frauen: «Fürchtet euch nicht! Ich weiß, ihr sucht Jesus, den Gekreuzigten. Er ist nicht hier; denn er ist auferstanden, wie er gesagt hat. Kommt her und seht euch die Stelle an, wo er lag.»

(vgl. Mt 28,1-8)

Vater unser, 10 Gegrüßet seist du Maria, Ehre sei dem Vater

Gebet

Herr Jesus, du bist in die Unterwelt hinabgestiegen, um die völlige Befreiung deiner Geschöpfe zu verkünden. Du bist aus dem Reich des Todes zurückgekehrt, um uns mitzuteilen: «Ich bin der, der lebt, und ich bin mit euch alle Tage bis an das Ende der Welt.» Diese Gewissheit verhelfe mir dazu, die Freude deiner Auferstehung zu erfahren.

II. DIE HIMMELFAHRT JESU

Jesus sagte zu seinen Jüngern: «Ihr werdet eine Kraft empfangen, die des Heiligen Geistes, der auf euch herabkommen wird. Dann werdet ihr meine Zeugen sein in Jerusalem und in ganz Judäa und Samarien und bis an die Grenzen der Erde.» Als er das gesagt hatte, wurde er vor ihren Augen emporgehoben, und eine Wolke nahm ihn auf und entzog ihn ihren Blicken… Daraufhin kehrten sie vom Ölberg, der nur einen Sabbatweg von Jerusalem entfernt ist, nach Jerusalem zurück. Als sie in die Stadt kamen, gingen sie in das Obergemach hinauf, wo sie nun ständig blieben: Petrus und Johannes, Jakobus und Andreas, Philippus und Thomas, Bartholomäus und Matthäus, Jakobus, der Sohn des Alphäus und Simon, der Zelot, sowie Judas, der Sohn des Jakobus. Sie alle verharrten dort einmütig im Gebet, zusammen mit den Frauen und mit Maria, der Mutter Jesu, und mit seinen Brüdern.

(vgl. Apg 1, 7-14)

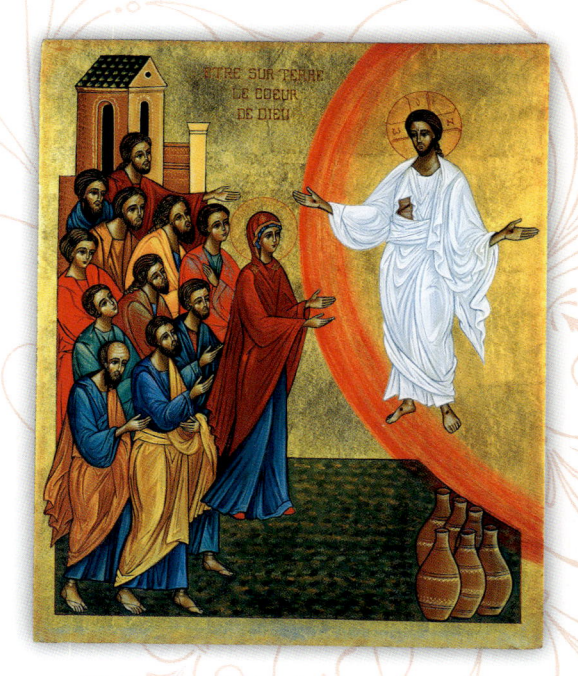

Vater unser, 10 Gegrüßet seist du Maria, Ehre sei dem Vater

GEBET

Herr Jesus, du bist vor den Augen der Menschen in den Himmel aufgestiegen, aber im Geheimnis deiner Liebe hast du Wohnung genommen in unseren Herzen. Der du für immer zur Rechten des Vaters sitzest, mach aus meinem Herzen den Ort deiner bleibenden Gegenwart.

III. PFINGSTEN

Als der Pfingsttag gekommen war, befanden sie sich alle am gleichen Ort. Da kam plötzlich vom Himmel her ein Brausen, wie wenn ein heftiger Sturm daherfährt, und erfüllte das ganze Haus, in dem sie waren. Und es erschienen ihnen Zungen wie von Feuer, die sich verteilten; auf jeden von ihnen ließ sich eine nieder. Alle wurden mit dem Heiligen Geist erfüllt und begannen, in fremden Sprachen zu reden, wie es der Geist ihnen eingab.

(vgl. Apg 2,1-4)

Vater unser, 10 Gegrüßet seist du Maria, Ehre sei dem Vater

Gebet

Herr Jesus, sende deinen Heiligen Geist aus, damit er mich führe, mich inspiriere, vor allem, wenn schwierige Entscheidungen anstehen; lehre mich vor allem zu lieben, wie du zu lieben vermagst.

IV. DIE AUFNAHME MARIAS IN DEN HIMMEL

Dann erschien ein großes Zeichen am Himmel: eine Frau, mit der Sonne bekleidet; der Mond war unter ihren Füßen und ein Kranz von zwölf Sternen auf ihrem Haupt. Sie ist schwanger und schreit vor Schmerz in ihren Geburtswehen. Ein anderes Zeichen erschien am Himmel: ein Drache, riesengroß und feuerrrot, mit sieben Köpfen und zehn Hörnern und mit sieben Diademen auf seinen Köpfen. Sein Schwanz fegt ein Drittel der Sterne vom Himmel und warf sie auf die Erde herab. Der Drache stand vor der Frau, die gebären sollte; er will ihr Kind verschlingen, sobald es geboren ist. Und die Frau gebar ein Kind, einen Sohn, der über alle Völker mit eisernem Zepter herrschen wird. Und ihr Kind wurde zu Gott und zu seinem Thron entrückt.

(vgl. Off 12,1-6)

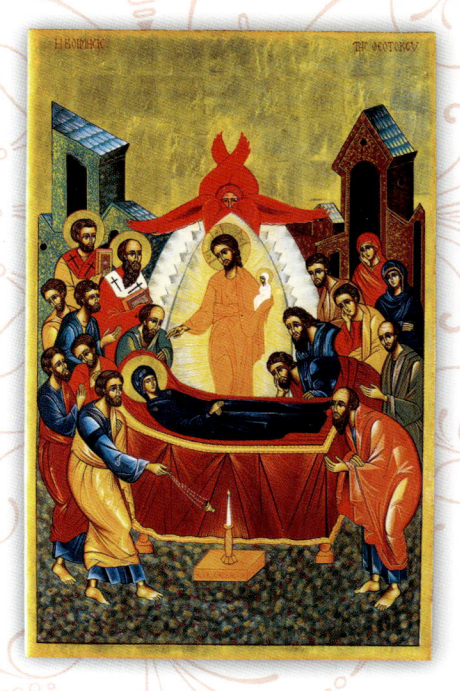

Vater unser, 10 Gegrüßet seist du Maria, Ehre sei dem Vater

Gebet

Jungfrau Maria, deine Himmelfahrt kündet uns die Aufnahme jedes Menschen in den Himmel an. Lege bei deinem Sohn Fürsprache ein, damit er mir helfe, jeden Tag im Guten zu wachsen und mein Herz zum Vater zu erheben.

V. MARIA, MUTTER UND KÖNIGIN

Da sagte Maria: «Meine Seele preist die Größe des Herrn, und mein Geist jubelt über Gott, meinen Retter. Denn auf die Niedrigkeit seiner Magd hat er geschaut. Siehe, von nun an preisen mich selig alle Geschlechter. Denn der Mächtige hat Großes an mir getan, und sein Name ist heilig. Er erbarmt sich von Geschlecht zu Geschlecht über alle, die ihn fürchten. Er vollbringt mit seinem Arm machtvolle Taten. Er zerstreut, die im Herzen voll Hochmut sind. Er stürzt die Mächtigen vom Thron und erhöht die Niedrigen. Die Hungernden beschenkt er mit seinen Gaben und lässt die Reichen leer ausgehen.»

(vgl. Lk 1,46-55)

ERRATUM

Auf Seite 51 soll man lesen:

Vater unser, 10 Gegrüßet seist du Maria, Ehre sei dem Vater

Gebet

Maria, du bist meine Glorie und meine Zuversicht. In dir sind alle Sehnsüchte der Menschheit zur Vollendung gelangt. Du hast tiefes Mitgefühl mit jedem Menschen, mit den Ärmsten, mit den Hilfsbedürftigsten der Erde. Da nunmehr nichts mehr deine Liebe einzuschränken vermag, bitten wir dich, vergiss niemanden von uns.

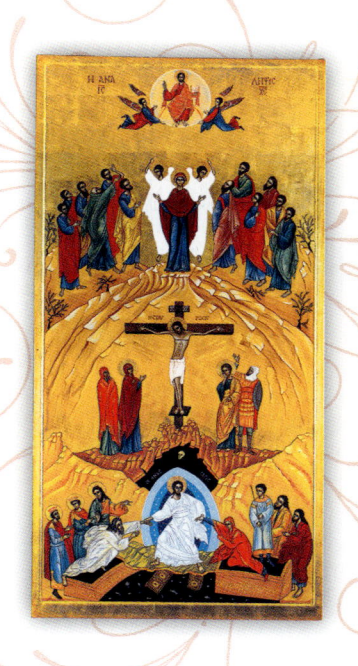

Vater unser, 10 Gegrüßet seist du Maria, Ehre sei dem Vater

Gebet

Jungfrau Maria, deine Himmelfahrt kündet uns die Aufnahme jedes Menschen in den Himmel an. Lege bei deinem Sohn Fürsprache ein, damit er mir helfe, jeden Tag im Guten zu wachsen und mein Herz zum Vater zu erheben.

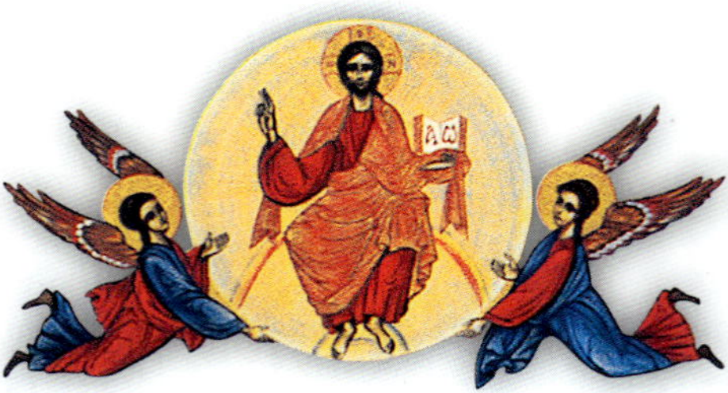

GEBETE ZUR MUTTERGOTTES

SALVE REGINA

Gegrüßet seist du, Königin, Mutter der Barmherzigkeit, unser Leben, unsere Wonne und unsere Hoffnung, sei gegrüßt. Zu dir rufen wir verbannte Kinder Evas. Zu dir seufzen wir trauernd und weinend in diesem Tale der Tränen. Wohlan denn, unsere Fürsprecherin! Wende deine barmherzigen Augen uns zu und nach diesem Elend zeige uns Jesus, die gebenedeite Frucht deines Leibes. O gütige, o milde, o süße Jungfrau Maria!

DIE LAURETANISCHE LITANEI

Herr,	*erbarme dich unser!*
Christus,	*erbarme dich unser!*
Herr,	*erbarme dich unser!*
Christus höre uns!	*Christus erhöre uns!*
Gott Vater im Himmel	*erbarme dich unser!*
Gott Sohn, Erlöser der Welt	*erbarme dich unser!*
Gott Heiliger Geist	*erbarme dich unser!*
Heilige Dreifaltigkeit ein einiger Gott	*erbarme dich unser!*
Heilige Maria	*bitte für uns!*

Heilige Gottesgebärerin	*bitte für uns!*
Heilige Jungfrau der Jungfrauen	*bitte für uns!*
Mutter Christi	*bitte für uns!*
Mutter der Kirche	*bitte für uns!*
Mutter der göttlichen Gnade	*bitte für uns!*
Du reine Mutter	*bitte für uns!*
Du keusche Mutter	*bitte für uns!*
Du unversehrte Mutter	*bitte für uns!*
Du unbefleckte Mutter	*bitte für uns!*
Du liebenswürdige Mutter	*bitte für uns!*
Du wunderbare Mutter	*bitte für uns!*
Du Mutter des guten Rates	*bitte für uns!*
Du Mutter des Schöpfers	*bitte für uns!*
Du Mutter des Erlösers	*bitte für uns!*
Du weise Jungfrau	*bitte für uns!*
Du ehrwürdige Jungfrau	*bitte für uns!*
Du lobwürdige Jungfrau	*bitte für uns!*
Du mächtige Jungfrau	*bitte für uns!*
Du gütige Jungfrau	*bitte für uns!*
Du getreue Jungfrau	*bitte für uns!*
Du Spiegel der Gerechtigkeit	*bitte für uns!*
Du Sitz der Weisheit	*bitte für uns!*
Du Ursache unserer Freude	*bitte für uns!*
Du geistliches Gefäß	*bitte für uns!*
Du ehrwürdiges Gefäß	*bitte für uns!*
Du vortreffliches Gefäß der Andacht	*bitte für uns!*
Du geheimnisvolle Rose	*bitte für uns!*
Du Turm Davids	*bitte für uns!*
Du elfenbeinerner Turm	*bitte für uns!*

Du goldenes Haus	*bitte für uns!*
Du Arche des Bundes	*bitte für uns!*
Du Pforte des Himmels	*bitte für uns!*
Du Morgenstern	*bitte für uns!*
Du Heil der Kranken	*bitte für uns!*
Du Zuflucht der Sünder	*bitte für uns!*
Du Trösterin der Betrübten	*bitte für uns!*
Du Hilfe der Christen	*bitte für uns!*
Du Königin der Engel	*bitte für uns!*
Du Königin der Patriarchen	*bitte für uns!*
Du Königin der Propheten	*bitte für uns!*
Du Königin der Apostel	*bitte für uns!*
Du Königin der Märtyrer	*bitte für uns!*
Du Königin der Bekenner	*bitte für uns!*
Du Königin der Jungfrauen	*bitte für uns!*
Du Königin aller Heiligen	*bitte für uns!*

Du Königin ohne Makel der Erbsünde
empfangen *bitte für uns!*
Du Königin, in den Himmel aufgenommen
 bitte für uns!
Du Königin des heiligen Rosenkranzes
 bitte für uns!

Du Königin der Familien	*bitte für uns!*
Du Königin des Friedens	*bitte für uns!*

Lamm Gottes, Du nimmst hinweg die Sünden
der Welt: *Verschone uns, o Herr!*
Lamm Gottes, du nimmst hinweg die Sünden
der Welt: *Erhöre uns, o Herr!*
Lamm Gottes, Du nimmst hinweg die Sünden
der Welt: *Erbarme Dich unser!*

V. Bitte für uns, o heilige Gottesmutter,
R. Auf dass wir würdig werden der Verheißungen Christi.

Wir bitten Dich, o Herr, unser Gott: gib, dass wir, Deine Diener, uns ständiger Gesundheit des Leibes und der Seele erfreuen, und dass wir durch die glorreiche Fürsprache der seligen, allzeit reinen Jungfrau Maria von der Trübsal dieser Zeit befreit werden und die ewigen Freuden genießen dürfen. Durch Christus, unseren Herrn. *Amen.*

LASSET UNS BETEN:

O Gott, durch sein Leben, seinen Tod und seine Auferstehung hat Dein Sohn uns die Wohltaten des ewigen Heils verschafft. Nach der Betrachtung dieser Geheimnisse mit dem Rosenkranz der Jungfrau Maria bitten wir dich, gib uns, dass wir nachahmen, was sie aussagen und erreichen, was sie verheißen. Durch Christus, unseren Herrn.
Amen.

HEILIGE MUTTER DES ERLÖSERS

Heilige Mutter des Erlösers,
du allzeit offene Himmelstür
und Stern des Meeres,
hilf dem Volk, das fällt
und aufzustehen sich bemüht.
Du hast ja, zum Erstaunen der Natur,
deinen heiligen Schöpfer geboren
und bist immer Jungfrau geblieben.
Nimm den Ave-Gruß
aus Gabriels Mund entgegen
und hab Erbarmen mit uns Sündern.

UNTER DEINEN SCHUTZ UND SCHIRM

Unter deinen Schutz und Schirm
fliehen wir, heilige Mutter Gottes.
Verschmähe nicht unser Gebet
in unseren Nöten,
sondern erlöse uns jederzeit
von allen Gefahren.
O glorreiche, o gebenedeite Jungfrau Maria!

AKT DES VERTRAUENS AUF MARIA

O Mutter, Meisterin und Königin Maria,
nimm mich mit jenen, die du liebst, nährst,
heiligst und führst,
auf in die Schule des himmlischen Meisters,
Jesus Christus.

Du siehst die Kinder, die Gott ruft
in seinem Sinn,
und du beschenkst sie mit besonderen
Gebeten, Gnaden, Erleuchtungen und
Tröstungen.

Von seiner Menschwerdung an bis zu seiner
Himmelfahrt
hat mein Meister, Jesus Christus,
alles in deine Hand gelegt.
Das soll mir oberstes Gebot bedeuten,
unbeschreibliches Beispiel und Gnadengabe.
So lege denn auch ich mich bedingungslos
in deine Hand.

Erbitte mir die Gnade,
den himmlischen Meister, der Weg,
Wahrheit und Leben ist,
immer besser kennen zu lernen,
nachzuahmen und zu lieben.

Stelle du mich Jesus vor.
Ich bin nur ein unwürdiger Sünder,
der kein anderes Zeugnis hat,
in seine Schule aufgenommen zu werden,
als deine Empfehlung.

Erleuchte meinen Geist,
stärke meinen Willen,
heilige mein Herz,
damit diese übergroße Barmherzigkeit
mir zum Heil gereiche
und ich am Ende zur Einsicht komme:
«Nicht ich lebe, sondern Christus lebt in mir.»

SCHLUSSFOLGERUNG

Unsere heilige Mutter hat drei Mutterschaften erlebt:

Die erste bestand darin, dass Maria, die Unbefleckte Empfängnis, den Sohn Gottes in ihrer Seele aus Gnade empfangen hat, damit er der Erstgeborene und ihr einziger Sohn werde.

Die zweite bestand darin, dass sie durch den Heiligen Geist den Sohn leiblich empfangen hat.

Die dritte bestand darin, dass unser Herr, am Kreuz sterbend, sein Leben als Auferstandener an erster Stelle im Herzen seiner Mutter schöpfen wollte, dank der Kraft ihres Glaubens und ihres Mitgefühls. Auf diese Weise belebte er von Neuem den ganzen mystischen Leib Jesu Christi durch die Jungfrau Maria, die mit den sie liebenden Seelen dessen Mittelpunkt bildet. So hat er der Kirche nach seinem Tod ein stärkeres und besseres Leben geschenkt als zu seinen Lebzeiten.

Was hat der Sohn Gottes der Seele der Jungfrau in ihrer ersten Mutterschaft aus reiner Gnade geschenkt? Den Heiligen Geist, den Urheber der Gnade. Es ist auch der Heilige Geist, der eine wesentliche Rolle bei seiner Menschwerdung in der Zeit gespielt hat: «concepit de Spiritu Sancto.» Es ist wieder der Heilige Geist, der in der dritten Mutterschaft bewirkt hat, dass der am Kreuz sterbende Sohn zum Leben erweckt wurde, durch das Herz der Jungfrau Maria, das von einer stärkeren und mächtigeren Liebe zu ihrem Sohn beseelt war als bisher.

P. Joseph de Tremblay,
XVI. Jahrhundert
Gründer der Benediktinerinnen
Unserer Lieben Frau vom Kalvarienberg

INHALTSVERZEICHNIS

EINLEITUNG 3

DIE FREUDENREICHEN GEHEIMNISSE
(Montags und Samstags).. 5
    I. Die Verkündigung.. 6
    II. Mariä Heimsuchung 8
    III. Die Geburt Jesu 10
    IV. Die Darbringung im Tempel 12
    V. Das Wiederfinden Jesu im Tempel 14

DIE LICHTREICHEN GEHEIMNISSE (Donnerstags)...... 17
    I. Die Taufe Jesu..18
    II. Die Hochzeit zu Kana 20
    III. Die Verkündigung des Reiches...................... 22
    IV. Die Verklärung 24
    V. Die Eucharistie 26

DIE SCHMERZHAFTEN GEHEIMNISSE
(Dienstags und Freitags).. 29
    I. Der Todeskampf Jesu im Garten Getsemanie 30
    II. Die Dornenkrönung 32
    III. Die Kreuzigung Jesu 34
    IV. Jesu Tod 36
    V. Die Grablegung Jesu....................................... 38

DIE GLORREICHEN GEHEIMNISSE
(Mittwochs und Sonntags)..41
    I. Die Auferstehung Jesu 42
    II. Die Himmelfahrt Jesu 44

   III. Pfingsten 46
   IV. Die Aufnahme Marias in den Himmel.............. 48
   V. Maria, Mutter und Königin 50

GEBETE ZUR MUTTERGOTTES............................. 53
   Salve Regina 53
   Die Lauretanische Litanei 53
   Lasset uns beten: 56
   Heilige Mutter des Erlösers 57
   Unter deinen Schutz und Schirm 57
   Akt des Vertrauens auf Maria 58

SCHLUSSFOLGERUNG... 60